INSTRUCCIONES DE

¿QUÉ HACER CON UN NIÑO
que se distrae con facilidad ?

¿Qué hacer con un
niño
que se distrae
con facilidad?

Portadas

¿Qué hacer con un
niño
que se distrae
con facilidad?

Índice

concentración

Este índice abarca los puntos principales y ofrece una estructura lógica para desarrollar el contenido.

INTRODUCCIÓN

En un mundo lleno de distracciones, muchos padres, maestros y cuidadores se enfrentan al desafío de ayudar a los niños que se distraen con facilidad. Ya sea en la escuela, en casa o durante actividades cotidianas, la falta de concentración puede afectar significativamente el desarrollo académico y social de un niño. Este libro práctico está diseñado para proporcionar soluciones claras y efectivas a esta problemática, ofreciendo herramientas sencillas y estrategias que puedes aplicar de inmediato para mejorar la atención de tu hijo y fomentar su concentración.

"¿Qué hacer con un niño que se distrae con facilidad?" no es solo una guía teórica, sino un manual práctico que aborda las causas de la distracción y te ofrece estrategias concretas para corregir este comportamiento. A través de técnicas probadas, consejos basados en la psicología infantil y actividades divertidas, aprenderás a identificar los factores que afectan la atención de tu hijo y cómo crear un entorno más adecuado para su aprendizaje y desarrollo.

Ya sea que te enfrentes a problemas de concentración en casa, durante las tareas escolares o incluso en actividades sociales, este libro te proporcionará las herramientas necesarias para ayudar a tu hijo a enfocarse y mantenerse motivado, sin importar la situación. Desde rutinas diarias hasta juegos diseñados para mejorar la atención, aquí encontrarás todo lo que necesitas para transformar la falta de concentración en una mayor capacidad de enfoque y éxito.

Este libro es una hoja de ruta para que tu hijo no solo aprenda a concentrarse mejor, sino que también desarrolle habilidades valiosas para la vida que le permitirán enfrentar desafíos con mayor confianza y control. ¡Estás a punto de dar el primer paso hacia un cambio positivo en el comportamiento de tu hijo!

CAPÍTULO 1: COMPRENDIENDO LA DISTRACCIÓN

La importancia de la concentración en los niños

La concentración es una habilidad fundamental en el desarrollo infantil, ya que influye en el aprendizaje, la resolución de problemas y la capacidad de completar tareas. Un niño que puede mantener su atención enfocada tiene más posibilidades de absorber nueva información, retenerla y aplicarla. La capacidad de concentración también juega un papel crucial en el desarrollo social, permitiendo a los niños escuchar a los demás y participar activamente en actividades grupales.

En un mundo lleno de estímulos, como la tecnología, los juegos digitales y las redes sociales, mantener la atención puede ser un desafío aún mayor. Aprender a enfocarse desde una edad temprana es vital no solo para el éxito académico, sino también para el bienestar emocional y social del niño. Sin embargo, es común que muchos niños, en diferentes etapas de su desarrollo, enfrenten dificultades para concentrarse.

¿Por qué algunos niños se distraen más fácilmente?

La distracción en los niños puede deberse a una variedad de factores. Cada niño es único, y las causas subyacentes de su falta de concentración pueden variar ampliamente. Algunos niños tienen dificultades temporales para concentrarse debido a cambios en su entorno o rutina, mientras que otros pueden experimentar distracción de manera más persistente.

Factores que influyen en la distracción:

- **Factores ambientales**: El entorno en el que un niño intenta concentrarse juega un papel fundamental. Un ambiente ruidoso, desorganizado o lleno de distracciones visuales puede afectar la capacidad de un niño para mantenerse enfocado.

- **Factores emocionales**: El estado emocional del niño también influye en su capacidad para concentrarse. Estrés, ansiedad o problemas en casa o en la escuela pueden hacer que un niño se desconecte mentalmente de la tarea en cuestión.

- **Dieta y sueño**: La alimentación y el sueño son cruciales para el desarrollo cerebral. Un niño que no duerme lo suficiente o tiene una dieta pobre puede tener dificultades para mantener la atención durante el día.

- **Tecnología y sobreestimulación**: El uso excesivo de dispositivos tecnológicos y el acceso constante a pantallas pueden sobreestimular el cerebro de un niño, lo que reduce su capacidad de concentración en otras actividades que requieren atención sostenida.

Distracción relacionada con el desarrollo

Es importante entender que los niveles de concentración varían con la edad. Los niños más pequeños, especialmente aquellos en edad preescolar, tienen períodos de atención más cortos. A medida que los niños crecen, su capacidad para concentrarse mejora de manera natural, aunque algunos niños siguen enfrentando dificultades.

- **Niños en edad preescolar (3-5 años):** Los niños de esta edad suelen tener una capacidad de atención de solo 5 a 10 minutos para una tarea. A esta edad, es normal que se distraigan con facilidad, ya que su cerebro está en pleno desarrollo.

- **Niños en edad escolar (6-12 años):** A medida que crecen, los niños en edad escolar pueden concentrarse por períodos más largos, especialmente si las tareas son interesantes o gratificantes. Sin embargo, en esta etapa, es común que algunos niños sigan teniendo problemas para mantener la atención, especialmente si el trabajo es monótono o desafiante.

- **Adolescentes (13-18 años):** Los adolescentes generalmente tienen la capacidad de concentrarse durante períodos más largos, pero también pueden enfrentar distracciones relacionadas con la tecnología, la vida social y el estrés académico.

Posibles causas emocionales y ambientales

Las emociones juegan un papel crucial en la capacidad de un niño para concentrarse. Algunos niños se distraen cuando están emocionalmente abrumados o ansiosos. Las preocupaciones sobre la escuela, la familia o las relaciones sociales pueden hacer que el niño evite concentrarse en tareas específicas.

El entorno también afecta. Un espacio de trabajo desorganizado o con muchos estímulos (como juguetes, pantallas o ruido) puede ser perjudicial para la concentración. Crear un espacio organizado y calmado es fundamental para ayudar al niño a enfocarse.

Estrategias para identificar factores emocionales o ambientales:

- **Observar patrones:** Los padres o educadores deben observar cuándo y dónde el niño tiende a distraerse más. Esto puede ayudar a identificar si hay factores externos (como el ruido) o internos (emocionales) que están contribuyendo a la distracción.

- **Comunicación abierta**: Hablar con el niño sobre cómo se siente en diferentes entornos y situaciones puede ofrecer información valiosa sobre las causas subyacentes de su falta de concentración.

El papel del Déficit de Atención e Hiperactividad (TDAH)

En algunos casos, la distracción crónica puede estar relacionada con el Trastorno por Déficit de Atención e Hiperactividad (TDAH). Este es un trastorno neurobiológico que afecta la capacidad de los niños para concentrarse, controlar impulsos y mantenerse organizados.

Los niños con TDAH a menudo muestran los siguientes síntomas:

- Dificultad para mantener la atención en tareas o juegos.
- Tendencia a cometer errores por descuido.
- Problemas para seguir instrucciones o completar tareas.
- Distracción frecuente por estímulos externos.

Es importante destacar que no todos los niños que se distraen tienen TDAH. Si bien el TDAH es una causa común de distracción persistente, muchas veces los niños solo necesitan desarrollar mejores hábitos de concentración. En caso de sospecha de TDAH, es fundamental consultar con un especialista para obtener un diagnóstico adecuado.

¿Qué hacer si se sospecha de TDAH? Si un niño muestra síntomas consistentes de TDAH, es aconsejable buscar la ayuda de un profesional de la salud para una evaluación. Un diagnóstico temprano puede ayudar a los padres y educadores a implementar estrategias específicas para apoyar al niño en el manejo de sus síntomas y mejorar su capacidad de concentración.

Este capítulo proporciona una base sólida para entender la distracción en los niños y las múltiples causas que pueden influir en ella.

CAPÍTULO 2: CREANDO UN ENTORNO PROPICIO

Minimizar las distracciones físicas: Organizar el espacio

Uno de los factores más importantes para mejorar la concentración de un niño es el ambiente en el que realiza sus actividades. Un entorno desorganizado o lleno de distracciones puede hacer que sea mucho más difícil para un niño mantenerse enfocado. Crear un espacio adecuado puede marcar una gran diferencia en su capacidad de concentrarse.

Aspectos clave para organizar el espacio:

1. **Zona dedicada para el aprendizaje y las tareas**: Es útil designar un área específica donde el niño realice su trabajo escolar o actividades que requieran concentración. Este espacio debe ser utilizado solo para estas tareas, evitando que el niño asocie este lugar con juegos u otras actividades.

2. **Simplicidad visual**: Mantener la zona de trabajo libre de desorden y visualmente limpia es fundamental. Los niños pueden distraerse fácilmente con juguetes, aparatos electrónicos, o incluso elementos decorativos que atraigan su atención. Es recomendable limitar los objetos en el área a lo esencial para la tarea.

3. **Acceso a materiales necesarios**: Tener todo el material escolar o de trabajo a mano reduce la necesidad de moverse por el espacio en busca de cosas, lo que podría distraer al niño. Organizar útiles, libros y recursos en cajones o estanterías accesibles puede fomentar una mayor eficiencia.

4. **Iluminación adecuada**: Una buena iluminación es

crucial para mantener la concentración. Un espacio bien iluminado ayuda a reducir la fatiga visual y mejora el enfoque. Se recomienda usar luz natural siempre que sea posible o, en su defecto, luz blanca, que imita la luz del día.

La importancia de un ambiente tranquilo

El ruido es una de las distracciones más comunes en cualquier ambiente, especialmente para los niños. Un entorno ruidoso puede hacer que sea casi imposible para ellos concentrarse en una tarea. Reducir el ruido de fondo es una estrategia clave para ayudar a los niños a enfocarse.

Cómo crear un ambiente más tranquilo:

- **Ubicación adecuada**: Elegir una habitación o zona de la casa que esté alejada de áreas ruidosas, como la sala de estar o la cocina, puede ayudar. Si no es posible, usar auriculares con cancelación de ruido o sonidos ambientales suaves puede ser útil.

- **Evitar interrupciones**: Establecer reglas para evitar interrupciones durante el tiempo de concentración es esencial. Otros miembros de la familia deben estar al tanto de que durante ciertas horas o actividades, el niño necesita silencio y calma.

- **Ruido blanco**: En algunos casos, el uso de ruido blanco o música suave sin letra puede ser beneficioso. Estos sonidos pueden ayudar a bloquear distracciones sin ser ellos mismos una fuente de distracción.

Cómo establecer rutinas claras y predecibles

Los niños suelen responder bien a la estructura y la previsibilidad. Una rutina diaria establecida puede ayudar a que sepan qué esperar y cuándo, lo que a su vez facilita la concentración en las tareas importantes.

Beneficios de una rutina clara:

1. **Menos ansiedad**: Al saber lo que vendrá a continuación, los niños pueden sentirse más tranquilos y concentrados, en lugar de estar preocupados o distraídos por la incertidumbre.

2. **Mayor control**: Una rutina bien estructurada permite al niño tener un mayor sentido de control sobre su tiempo. Esto fomenta una sensación de responsabilidad y reduce la procrastinación.

3. **Organización del tiempo**: Dividir el día en bloques de tiempo específicos para diferentes actividades – como tiempo para estudiar, jugar y descansar – ayuda a los niños a entender que cada actividad tiene su momento, lo que reduce la tendencia a distraerse durante tareas específicas.

Cómo crear una rutina efectiva:

- **Horarios consistentes**: Establecer horarios consistentes para las actividades diarias, como el tiempo de estudio, las comidas y el tiempo de juego, ayuda a que el niño sepa cuándo es el momento de enfocarse y cuándo puede relajarse.

- **Listas de tareas**: Una lista diaria de tareas puede proporcionar un esquema visual de lo que el niño necesita hacer. Esto no solo lo mantiene enfocado, sino que también le da una sensación de logro al completar cada tarea.

- **Flexibilidad**: Aunque las rutinas son importantes, también es fundamental ser flexible y ajustar la estructura si es necesario. Algunas tareas pueden tomar más tiempo de lo esperado, y otras pueden necesitar menos, por lo que es importante adaptarse.

El papel del sueño y la alimentación en la concentración

El sueño y la alimentación juegan un papel fundamental en el rendimiento cognitivo de un niño. La falta de sueño o una dieta inadecuada puede afectar significativamente su capacidad de concentrarse.

1. **Importancia del sueño adecuado**:
   - Los niños en edad escolar necesitan entre 9 y 11 horas de sueño por noche. Cuando no descansan lo suficiente, pueden volverse irritables y tener dificultades para prestar atención a las tareas. Además, la falta de sueño puede afectar la memoria y la capacidad de resolver problemas.

   - **Establecer una rutina para dormir**: Tener una rutina para la hora de acostarse que incluya actividades relajantes como leer o escuchar música suave puede ayudar al niño a prepararse mentalmente para el sueño y descansar mejor.

2. **Alimentación equilibrada para el cerebro**:
   - **Desayuno nutritivo**: Un desayuno rico en proteínas y carbohidratos complejos es clave para que el niño tenga la energía necesaria para concentrarse en sus tareas matutinas.

   - **Alimentos que fomentan la concentración**: Algunos alimentos, como los que contienen ácidos grasos omega-3 (como el salmón y las nueces), han demostrado ser beneficiosos para la salud cerebral. Incluir frutas, verduras, cereales integrales y proteínas en la dieta diaria también mejora la función cognitiva.

- **Evitar alimentos con alto contenido de azúcar**: Aunque los niños suelen disfrutar de alimentos dulces, consumir demasiados productos con azúcar refinada puede causar picos y caídas en los niveles de energía, lo que afecta su capacidad para mantenerse enfocados durante el día.

Factores adicionales del entorno que afectan la concentración

Ventilación y temperatura: El aire fresco y una temperatura agradable en la habitación también pueden influir en la concentración. Un espacio mal ventilado o muy caluroso/frío puede hacer que el niño se sienta incómodo, lo que afecta su capacidad de concentración.

- **Aire fresco y ventilación adecuada**: Un flujo constante de aire fresco ayuda a mantener la mente alerta y evita la sensación de pesadez. Si es posible, mantener una ventana abierta para que circule el aire puede ser beneficioso.

- **Control de la temperatura**: La temperatura ideal para trabajar y concentrarse está entre los 20 y 22 grados Celsius. Las temperaturas más altas pueden generar incomodidad y cansancio, mientras que un ambiente muy frío puede distraer al niño debido a la incomodidad física.

Color del entorno: Los colores del entorno también pueden tener un impacto en la concentración. Tonos suaves y naturales, como el azul y el verde, son conocidos por ser relajantes y propiciar la calma, mientras que los colores brillantes como el rojo o el amarillo pueden sobreestimular a algunos niños.

Mobiliario adecuado: Utilizar muebles ergonómicos también es importante. Sillas y mesas que permitan al niño sentarse de manera cómoda y correcta mejoran su postura y evitan el cansancio físico, lo que contribuye a una mejor concentración.

Este capítulo ofrece un enfoque integral para crear un entorno adecuado que favorezca la concentración del niño.

CAPÍTULO 3: TÉCNICAS PARA MEJORAR LA CONCENTRACIÓN

Ejercicios de atención plena (mindfulness) para niños

La atención plena o mindfulness es una técnica basada en el enfoque consciente del momento presente, que ayuda a los niños a desarrollar la capacidad de concentrarse en sus pensamientos, emociones y acciones. Practicar mindfulness de manera regular puede mejorar significativamente la concentración en tareas cotidianas y reducir las distracciones.

Beneficios del mindfulness para la concentración:

- **Desarrollo de la autoobservación**: Los niños aprenden a observar sus pensamientos sin juzgarlos, lo que les permite detectar cuándo se están distrayendo y volver a enfocarse.

- **Reducción del estrés y la ansiedad**: Al estar más conscientes del momento presente, los niños pueden manejar mejor las emociones que, en ocasiones, los desconectan de sus tareas, como el estrés o la ansiedad.

- **Mejora del autocontrol**: Con mindfulness, los niños desarrollan habilidades para controlar sus impulsos y mantenerse más atentos a las tareas en curso.

Ejercicios de mindfulness adaptados para niños:

1. **Respiración consciente**: Enseñar al niño a prestar atención a su respiración puede ser una herramienta poderosa para la concentración. Un ejercicio sencillo es pedirle que inhale profundamente durante 3-5 segundos, retenga el aire brevemente, y luego exhale despacio. Pedirle que repita este ejercicio de 5 a 10 veces

lo ayudará a calmarse y a centrarse.

2. **El juego de las "sensaciones"**: Pide al niño que, durante unos minutos, cierre los ojos y concentre toda su atención en lo que escucha, siente o huele a su alrededor. Este ejercicio lo ayuda a agudizar su percepción y entrenar su mente para concentrarse en un solo aspecto de su entorno.

3. **Caminata consciente**: Mientras caminan, pide al niño que preste atención a cómo sus pies tocan el suelo, cómo se siente el aire, o cómo su cuerpo se mueve. Este ejercicio no solo promueve la concentración, sino que también permite incorporar actividad física.

4. **Atención plena en las comidas**: Durante las comidas, invita al niño a prestar atención al sabor, la textura y el olor de los alimentos. Comer de manera consciente lo ayuda a estar más presente en la actividad y a desarrollar habilidades de concentración en otras áreas.

Juegos y actividades que fomentan el enfoque

Los juegos no solo son una forma divertida de entretenimiento para los niños, sino que también pueden convertirse en excelentes herramientas para desarrollar su capacidad de concentración. Incorporar juegos que requieran atención y enfoque puede fortalecer sus habilidades cognitivas de manera natural.

Juegos que promueven la concentración:

1. **Rompecabezas**: Los rompecabezas son una excelente manera de fomentar el enfoque y la paciencia. Al buscar las piezas correctas y completar el diseño, el niño desarrolla habilidades de observación y resolución de problemas.

2. **Juegos de memoria (memory games)**: Juegos que involucran recordar la ubicación de cartas o imágenes ayudan a mejorar la memoria de trabajo y la concentración. Un ejemplo clásico es el juego de "parejas", en el que el niño debe voltear cartas e intentar recordar dónde están las que coinciden.

3. **Juegos de construcción (Lego, bloques, etc.)**: Los juegos de construcción requieren que el niño se concentre en el diseño y en los detalles, estimulando su enfoque mientras se divierte. Estos juegos también promueven la creatividad y la planificación.

4. **"Simón dice"**: Este juego tradicional requiere que el niño preste atención a las instrucciones, diferenciando cuándo debe seguirlas y cuándo no. Al jugar "Simón dice", el niño mejora su capacidad de escucha y concentración, así como su control de impulsos.

5. **Juegos de tablero (ajedrez, damas, etc.)**: Los juegos de tablero que requieren estrategia y pensamiento crítico, como el ajedrez o las damas, ayudan a los niños a concentrarse por períodos más largos y a desarrollar habilidades de planificación.

Uso de temporizadores para aumentar la productividad

Los temporizadores son una herramienta simple pero efectiva para ayudar a los niños a mejorar su concentración y a realizar tareas de manera más eficiente. Al asignar períodos de tiempo específicos para cada tarea, los niños aprenden a trabajar de manera más concentrada y estructurada.

Técnicas basadas en el uso de temporizadores:

1. **La técnica Pomodoro**: Esta técnica, adaptada para niños, implica trabajar en una tarea durante un período corto, generalmente entre 15 y 25 minutos, seguido de un breve descanso de 5 minutos. Después de cuatro ciclos, se toma un descanso más largo de 15-30 minutos. Este método enseña al niño a concentrarse intensamente durante breves períodos, sabiendo que pronto tendrá un descanso.

2. **Competencias cronometradas**: Para hacerlo más divertido, puedes establecer desafíos con temporizadores para que el niño complete una tarea dentro de un tiempo limitado. Esto puede motivarlo a concentrarse en la tarea con más energía y enfoque.

3. **Tiempos de descanso estructurados**: Usar un temporizador no solo para el tiempo de trabajo, sino también para los descansos, asegura que el niño no se desvíe de la tarea o se distraiga por demasiado tiempo durante las pausas.

Ventajas del uso de temporizadores:

- **Conciencia del tiempo**: Los niños desarrollan una mejor noción del paso del tiempo y cómo utilizarlo eficazmente.

- **Mayor concentración**: Al saber que tienen un límite de tiempo, los niños tienden a concentrarse más en la tarea para terminarla antes de que se acabe el tiempo.

- **Manejo del estrés**: Los descansos frecuentes ayudan a evitar el agotamiento mental y reducen la ansiedad que a veces puede surgir cuando se enfrentan tareas largas o difíciles.

Métodos visuales: Uso de gráficos, listas de tareas y horarios

Los niños suelen responder bien a la información visual. Los gráficos, listas de tareas y horarios visuales pueden ayudar a estructurar su tiempo y mantenerlos enfocados en lo que deben hacer. Además, este tipo de herramientas permite a los niños ver su progreso de manera tangible, lo que puede motivarlos a seguir trabajando con concentración.

Técnicas visuales que mejoran la concentración:

1. **Listas de tareas**: Crear listas de tareas diarias o semanales permite al niño ver lo que necesita hacer de manera clara. Las listas de tareas organizadas por prioridad o tiempo también pueden ayudar a reducir la procrastinación y fomentar la organización.

2. **Gráficos de recompensas**: Para los niños más pequeños, los gráficos de recompensas donde puedan obtener puntos o pegatinas por completar tareas pueden ser muy motivadores. A medida que completan cada tarea, pueden ver el progreso visual y estar más motivados para continuar.

3. **Tablas de rutinas diarias**: Una tabla con imágenes o palabras que describan la rutina diaria puede ser útil para niños que necesitan recordar qué deben hacer a lo largo del día. Esto también reduce la necesidad de repetir instrucciones constantemente, ya que el niño puede consultar su tabla.

4. **Relojes visuales o temporizadores de cuenta regresiva**: Los temporizadores visuales, como los relojes que

muestran el paso del tiempo de forma gráfica (por ejemplo, un temporizador de arena o un temporizador de luz), son útiles para que los niños visualicen cuánto tiempo les queda para completar una tarea.

5. **Uso de colores**: Asignar colores específicos a tareas o actividades puede hacer que el niño se enfoque mejor en ellas. Por ejemplo, puedes usar un color para las actividades escolares y otro para el tiempo de juego o descanso.

Adaptación de las técnicas a las preferencias del niño

Es importante recordar que no todos los niños responden de la misma manera a las técnicas para mejorar la concentración. Algunos niños prefieren las actividades estructuradas, mientras que otros se benefician más de un enfoque más libre y creativo. Adaptar las técnicas según las preferencias y las fortalezas del niño es crucial para obtener mejores resultados.

Cómo adaptar las técnicas según el niño:

- **Observación y ajustes**: Los padres y educadores deben observar cuáles técnicas parecen funcionar mejor para cada niño. Algunos pueden beneficiarse más de los ejercicios de mindfulness, mientras que otros prefieren el uso de temporizadores y desafíos.

- **Incorporar intereses personales**: Si un niño tiene un interés particular en algo (como los dinosaurios o el espacio), usar ese tema como parte de las actividades y ejercicios puede aumentar su motivación y concentración. Por ejemplo, puedes diseñar listas de tareas o gráficos de recompensas con imágenes relacionadas a sus intereses.

- **Escuchar al niño**: Preguntar al niño sobre sus preferencias puede ser muy útil. Darle un sentido de control sobre el proceso y permitirle elegir entre diferentes técnicas fomenta su compromiso y motivación para concentrarse.

Este capítulo ofrece un enfoque completo y práctico sobre las técnicas para mejorar la concentración de los niños.

CAPÍTULO 4: ESTRATEGIAS PARA MANTENER LA MOTIVACIÓN EN EL NIÑO

Importancia de la motivación en el aprendizaje y la concentración

La motivación es un factor clave en el proceso de aprendizaje y en la capacidad del niño para concentrarse en las tareas. Sin motivación, incluso las técnicas de concentración más efectivas pueden tener un impacto limitado. Es esencial entender que la motivación no solo impulsa a los niños a comenzar una tarea, sino que también les ayuda a mantener el enfoque y a perseverar ante desafíos.

Tipos de motivación:

1. **Motivación intrínseca**: Es el tipo de motivación que proviene de dentro del niño. Este tipo de motivación se manifiesta cuando el niño realiza una tarea porque le gusta o le interesa, no porque se le ofrece una recompensa externa. Fomentar la motivación intrínseca es crucial, ya que es más sostenible a largo plazo y crea un deseo genuino de aprender.

2. **Motivación extrínseca**: Es el tipo de motivación que se basa en recompensas externas, como premios, elogios o reconocimiento. Aunque la motivación extrínseca puede ser efectiva a corto plazo, es importante equilibrarla con la motivación intrínseca para que el niño desarrolle un interés real en lo que está haciendo, en lugar de trabajar solo por las recompensas.

Recompensas y elogios: Cómo usarlos correctamente

El uso de recompensas y elogios es una estrategia efectiva para motivar a los niños, pero es esencial que se utilicen de manera correcta. Recompensar en exceso o elogiar sin criterio puede generar dependencia de la aprobación externa, lo que a la larga afecta negativamente la motivación intrínseca del niño.

Cómo usar recompensas y elogios de manera efectiva:

1. **Recompensas específicas y proporcionales**: Las recompensas deben estar relacionadas directamente con el esfuerzo y el logro del niño. Por ejemplo, si un niño ha completado una tarea larga y difícil, una recompensa podría ser un tiempo extra para jugar. Las recompensas pequeñas y frecuentes (como pegatinas o puntos) pueden ser útiles para mantener el enfoque, mientras que las más grandes (como una salida especial) pueden reservarse para logros importantes.

2. **Elogios centrados en el esfuerzo, no solo en el resultado**: En lugar de elogiar únicamente el éxito, es importante reconocer el esfuerzo que el niño pone en una tarea. Elogiar frases como "Me gusta cómo te has esforzado en resolver ese problema" o "Veo que has trabajado duro en esta tarea" ayuda a que el niño valore el proceso y no solo el resultado final.

3. **Variar las recompensas**: Para evitar que las recompensas se conviertan en una expectativa, es útil variar los tipos de recompensas. Un día podría ser un tiempo adicional para jugar, otro día podría ser una actividad especial en familia, o simplemente el reconocimiento verbal de su esfuerzo.

4. **Refuerzos no materiales**: A menudo, los niños responden muy bien a las recompensas que no son materiales, como recibir una tarea que les guste hacer o tener tiempo de calidad con los padres. Estas recompensas pueden ser igual de motivadoras que los objetos físicos.

Fomentar la autonomía y el sentido de responsabilidad

Los niños tienden a sentirse más motivados cuando sienten que tienen control sobre sus tareas y decisiones. Fomentar la autonomía y el sentido de responsabilidad es clave para que los niños se sientan empoderados y desarrollen una motivación más sólida y duradera.

Estrategias para fomentar la autonomía:

1. **Dar opciones**: Permitir que el niño elija entre varias opciones lo hace sentir más responsable de sus decisiones. Por ejemplo, puedes ofrecerle la opción de decidir el orden en que realizará sus tareas o qué actividad realizará primero. Esto no solo incrementa su motivación, sino que también mejora su capacidad para tomar decisiones.

2. **Involucrar al niño en la planificación**: Invitar al niño a participar en la planificación de su horario o actividades lo ayuda a sentirse parte del proceso y a tener mayor responsabilidad sobre su tiempo. Por ejemplo, si tienen tareas escolares, puedes sentarte con el niño y decidir juntos cómo organizar el tiempo de estudio y el tiempo de juego.

3. **Establecer metas claras**: Ayudar al niño a establecer metas pequeñas y alcanzables es una excelente manera de fomentar su sentido de responsabilidad. Las metas pueden ser diarias, semanales o relacionadas con una tarea específica. A medida que el niño alcanza estas metas, desarrollará una sensación de logro que reforzará su motivación.

4. **Consecuencias naturales**: Es importante que el niño experimente las consecuencias naturales de sus decisiones. Por ejemplo, si decide no hacer una tarea en el tiempo asignado, puede que tenga que trabajar durante su tiempo de descanso. Estas experiencias enseñan responsabilidad sin necesidad de castigos

externos.

Establecer metas y celebrar logros

El establecimiento de metas claras y la celebración de los logros son fundamentales para mantener al niño motivado. Cuando los niños ven progreso y reciben reconocimiento por sus esfuerzos, se sienten impulsados a seguir adelante.

Cómo establecer metas efectivas:

1. **Metas SMART**: Las metas deben ser específicas, medibles, alcanzables, relevantes y con un límite de tiempo (SMART). Por ejemplo, una meta podría ser "Leer un libro de 10 páginas en dos días" en lugar de simplemente "Leer más". Las metas SMART proporcionan un enfoque claro y evitan la vaguedad, lo que ayuda al niño a visualizar y alcanzar sus objetivos.

2. **Dividir las tareas grandes en metas pequeñas**: A veces, las tareas grandes pueden parecer abrumadoras para los niños, lo que reduce su motivación. Dividir una tarea compleja en pasos más pequeños ayuda a que el niño se concentre en completar cada parte, lo que incrementa su sensación de logro. Por ejemplo, si el niño tiene un proyecto escolar grande, puedes dividirlo en tareas más pequeñas como hacer la investigación, escribir un borrador, y luego revisar el proyecto.

3. **Seguimiento del progreso**: Mantener un registro del progreso del niño es motivador. Puedes utilizar un gráfico o una tabla en la que el niño marque cada meta alcanzada. Este registro visual lo ayuda a ver cuánto ha avanzado, lo que refuerza su motivación para seguir trabajando.

4. **Celebrar logros**: Celebrar los logros, grandes o pequeños, es esencial para mantener la motivación. Las celebraciones no tienen que ser extravagantes; pueden ser tan simples como una felicitación verbal, un aplauso, o compartir una actividad especial en familia. Lo importante es que el niño sienta que su esfuerzo es valorado.

Uso de refuerzos positivos frente a consecuencias negativas

El refuerzo positivo ha demostrado ser más efectivo que las consecuencias negativas cuando se trata de motivar a los niños. Aunque las consecuencias negativas pueden ser necesarias en algunas situaciones, los refuerzos positivos son más propensos a generar un cambio de comportamiento sostenido y fomentar una actitud positiva hacia las tareas.

Estrategias de refuerzo positivo:

1. **Refuerzo inmediato**: Proporcionar una recompensa o elogio justo después de que el niño haya completado una tarea o se haya esforzado en algo es más efectivo que esperar mucho tiempo. El refuerzo inmediato ayuda a crear una asociación clara entre el comportamiento y la recompensa.

2. **Usar el refuerzo positivo como motivación preventiva**: En lugar de castigar al niño por no hacer algo, se puede motivar su comportamiento utilizando el refuerzo positivo. Por ejemplo, decir "Si completas tus tareas antes de la cena, podremos ver una película juntos" crea una expectativa positiva que incentiva el cumplimiento.

3. **Evitar la sobrecarga de castigos**: Si bien es importante que los niños entiendan las consecuencias de sus acciones, es crucial que los castigos no sean la única herramienta para corregir el comportamiento. Demasiados castigos pueden desmotivar al niño y hacerlo menos propenso a querer concentrarse o cumplir con sus tareas.

Adaptación del estilo de enseñanza y comunicación

Cada niño es diferente y responde de manera distinta a los métodos de enseñanza y a la forma en que se le motiva. Adaptar el estilo de enseñanza y la comunicación según las características y preferencias del niño es crucial para mantener su motivación alta.

Estrategias de enseñanza y comunicación adaptativas:

1. **Escucha activa**: Prestar atención a lo que el niño dice y mostrar interés en sus pensamientos y emociones fomenta una mejor relación y permite identificar qué lo motiva. Hacer preguntas abiertas y escuchar sin interrumpir crea un ambiente en el que el niño se siente valorado.

2. **Enseñanza personalizada**: Algunos niños aprenden mejor a través de métodos visuales, otros prefieren actividades prácticas, mientras que algunos responden mejor a explicaciones verbales. Adaptar las actividades de acuerdo a cómo aprende mejor el niño hará que se sienta más comprometido y motivado.

3. **Utilizar ejemplos y situaciones cercanas**: Usar ejemplos que sean familiares para el niño o relacionar las tareas con algo que le interese puede hacer que la actividad sea más atractiva. Si el niño tiene interés en los animales, por ejemplo, puedes motivarlo a leer libros sobre ese tema o realizar actividades relacionadas.

4. **Dar retroalimentación constructiva**: En lugar de centrarte en lo que el niño hizo mal, la retroalimentación debe enfocarse en cómo mejorar de manera positiva. Por ejemplo, en lugar de decir "No hiciste bien esta tarea", podrías decir "Creo que podrías mejorar esto si lo intentas de nuevo de esta manera". La

retroalimentación constructiva mantiene la motivación del niño, mientras que los comentarios negativos pueden desmoralizarlo.

Este capítulo ofrece estrategias prácticas y detalladas para mantener la motivación del niño, centrándose en métodos de refuerzo positivo, autonomía, metas claras y adaptación del entorno de aprendizaje

CAPÍTULO 5: LA IMPORTANCIA DE LAS RUTINAS Y LOS DESCANSOS

El equilibrio entre trabajo y descanso

Imagina que la mente de un niño es como un músculo que, al igual que los músculos del cuerpo, necesita ejercitarse para volverse más fuerte. Sin embargo, al igual que un músculo físico, también necesita descansar para evitar la fatiga. Mantener un equilibrio adecuado entre el tiempo de trabajo y los descansos es esencial para que el niño se mantenga concentrado y pueda rendir al máximo.

El problema de la sobrecarga: Cuando un niño trabaja durante mucho tiempo sin descansar, su concentración comienza a disminuir. Esto es comparable a cuando alguien corre una maratón sin detenerse a tomar agua; eventualmente, se queda sin energía. De la misma manera, la mente del niño se cansa, lo que provoca distracción, errores y frustración.

Beneficios de los descansos programados:

1. **Recuperación mental**: Al permitir que el niño tome descansos regulares, le das la oportunidad de recargar sus energías mentales, lo que le permitirá regresar a la tarea con una mayor capacidad de concentración y enfoque.

2. **Mejora de la productividad**: Al dividir el trabajo en segmentos más manejables, el niño se mantiene enfocado durante los períodos de trabajo, sabiendo que pronto tendrá un descanso. Este enfoque mejora su productividad general.

3. **Reducción del estrés**: Los descansos también permiten

que el niño se relaje, lo que reduce los niveles de estrés y evita que se sienta abrumado por sus tareas.

Cómo estructurar pausas que refuercen la concentración

Las pausas no son solo momentos de descanso pasivo; también pueden ser oportunidades para revitalizar la mente del niño de manera activa. La clave es organizar los descansos de manera que refuercen la concentración cuando el niño regrese a sus tareas.

Técnicas para estructurar descansos efectivos:

1. **Descansos cortos y frecuentes**: A veces, menos es más. Los estudios sugieren que tomar descansos breves pero regulares es más efectivo que trabajar durante largas horas sin descanso. Una técnica útil es la técnica Pomodoro, que implica trabajar durante 25 minutos y luego tomar un descanso de 5 minutos. Después de cuatro ciclos, se puede tomar un descanso más largo de 15-30 minutos.

2. **Actividades físicas durante las pausas**: Un descanso efectivo no siempre implica quedarse quieto. De hecho, realizar actividades físicas ligeras como estiramientos, saltos o caminar durante los descansos puede aumentar el flujo sanguíneo al cerebro, lo que mejora la capacidad de concentración al regresar al trabajo. Esto es como afilar un hacha antes de cortar más madera: la herramienta (la mente del niño) estará más afilada y lista para la siguiente tarea.

3. **Descansos sensoriales**: Además de las pausas físicas, también puedes implementar pausas sensoriales. Estas consisten en pedirle al niño que se concentre en algo diferente durante unos minutos, como escuchar música suave, oler una fragancia agradable, o incluso observar la naturaleza desde una ventana. Este tipo de pausas ayuda a "resetear" la mente y prepararla para más

trabajo.

4. **Uso de temporizadores**: Puedes usar temporizadores visuales o sonoros para marcar los tiempos de trabajo y descanso. De esta manera, el niño puede visualizar cuánto tiempo le queda para trabajar y cuándo podrá tomar su próximo descanso. Esto fomenta la responsabilidad y le da al niño una sensación de control sobre su tiempo.

Estrategias para evitar la sobrecarga de información

La sobrecarga de información es como intentar llenar un vaso de agua más allá de su capacidad: el exceso solo se derrama y se pierde. En el caso del cerebro del niño, intentar absorber demasiada información sin descansar puede provocar frustración y hacer que retenga menos de lo que ha aprendido. Es crucial dosificar la información de manera que el niño pueda procesarla y retenerla de manera efectiva.

Cómo evitar la sobrecarga:

1. **Segmentar la información**: Divide las tareas grandes en fragmentos más pequeños. Al abordar la información por partes, el niño tiene más tiempo para procesar y comprender cada fragmento antes de pasar al siguiente. Es como leer un libro por capítulos en lugar de intentar leer todo de una vez.

2. **Revisiones periódicas**: Hacer revisiones rápidas después de cada segmento ayuda a consolidar lo aprendido. Pregunta al niño sobre lo que ha aprendido o pídele que explique en sus propias palabras el contenido. Esto refuerza la retención sin abrumarlo con demasiada información de una vez.

3. **Variedad en el enfoque**: Alternar entre diferentes tipos de tareas puede evitar que el niño se sature. Por ejemplo, después de un período de lectura, puede pasar a un ejercicio práctico o un juego interactivo que refuerce

el tema. Cambiar de actividad da al cerebro un respiro mientras sigue aprendiendo.

Técnicas de relajación durante los descansos

Las técnicas de relajación son una excelente manera de ayudar al niño a calmar su mente y cuerpo durante los descansos, lo que le permite volver a la tarea con una mayor concentración. Estas técnicas no solo son útiles para mantener el enfoque, sino que también son valiosas herramientas de vida que los niños pueden usar en momentos de estrés o ansiedad.

Técnicas de relajación para niños:

1. **Respiración profunda**: Una técnica simple pero efectiva es enseñar al niño a practicar la respiración profunda. Pídele que inhale lentamente por la nariz durante unos 4 segundos, mantenga el aire durante 2 segundos y luego exhale lentamente por la boca durante 4-6 segundos. Este tipo de respiración reduce la frecuencia cardíaca y promueve la calma.

2. **Visualización guiada**: Durante un descanso, puedes guiar al niño a través de una breve visualización. Pídele que cierre los ojos e imagine un lugar tranquilo y feliz, como una playa o un bosque. Describir los sonidos, olores y sensaciones de ese lugar ayuda a que el niño se desconecte de la tarea por un momento, lo que reduce el estrés y le permite regresar con una mente más despejada.

3. **Relajación muscular progresiva**: Esta técnica consiste en pedir al niño que tense diferentes grupos musculares durante unos segundos y luego los relaje. Puedes

empezar por los pies y avanzar hasta la cabeza. Esta técnica no solo promueve la relajación, sino que también ayuda al niño a ser más consciente de su cuerpo y de cómo liberar la tensión.

4. **Estiramientos suaves**: Incorporar estiramientos durante los descansos puede ser una excelente manera de aliviar la tensión física acumulada. Movimientos simples, como estirar los brazos hacia el cielo o inclinarse hacia adelante para tocar los dedos de los pies, ayudan a liberar el estrés corporal, lo que, a su vez, mejora la concentración mental.

Implementación de descansos estratégicos según la edad

Es importante adaptar la duración y la frecuencia de los descansos según la edad del niño, ya que los períodos de concentración varían significativamente a lo largo del desarrollo.

Estrategias de descanso por grupos de edad:

1. **Niños pequeños (3-6 años)**: Los niños en edad preescolar tienen períodos de atención más cortos, por lo que es recomendable implementar descansos cada 10-15 minutos. Las actividades deben ser dinámicas y de corta duración, y los descansos deben incluir juegos activos o actividades sensoriales para mantener el interés.

2. **Niños en edad escolar (6-12 años)**: A medida que los niños crecen, su capacidad de concentración aumenta. Un enfoque común es trabajar durante 20-30 minutos y luego tomar un descanso de 5-10 minutos. Los descansos pueden incluir actividades físicas ligeras, como caminar o saltar, o simplemente relajarse y escuchar música suave.

3. **Adolescentes (12-18 años)**: Los adolescentes pueden concentrarse por períodos más largos, pero también suelen enfrentar mayores demandas académicas.

Pueden trabajar durante 45-50 minutos antes de tomar un descanso de 10-15 minutos. Los descansos deben ser una combinación de actividades físicas y relajación mental, como escuchar música, hacer ejercicios de respiración o estirarse.

Este capítulo ofrece una visión detallada de cómo las rutinas y los descansos bien estructurados pueden mejorar significativamente la concentración y el bienestar general del niño.

CAPÍTULO 6: ACTIVIDADES Y JUEGOS QUE FOMENTAN LA CONCENTRACIÓN

La importancia del juego en el desarrollo de la concentración

El juego es una herramienta poderosa en el desarrollo cognitivo y emocional de los niños. A través de actividades lúdicas, los niños no solo se divierten, sino que también desarrollan habilidades clave como la atención, la resolución de problemas, la memoria y la concentración. Incluir juegos en la vida diaria del niño es una manera efectiva de reforzar su capacidad para mantenerse enfocado en tareas de mayor duración y complejidad.

Ventajas del juego en el desarrollo de la concentración:

1. **Aprendizaje divertido**: A través del juego, los niños pueden desarrollar habilidades cognitivas y de atención sin darse cuenta de que están "trabajando." Esto reduce la resistencia a actividades que podrían parecer monótonas si se presentaran de forma más estructurada.

2. **Ambiente sin presión**: Los juegos ofrecen un entorno relajado en el que los niños pueden concentrarse sin la presión de obtener un resultado perfecto. Esto fomenta la confianza y la capacidad de mantener el enfoque sin miedo a cometer errores.

3. **Motivación intrínseca**: Los juegos estimulan la motivación intrínseca, ya que los niños disfrutan del proceso en sí, lo que les permite concentrarse durante períodos más largos. Están naturalmente interesados en seguir las reglas del juego y completar desafíos, lo que refuerza la persistencia.

Juegos de mesa y actividades tradicionales para la concentración

Los juegos de mesa tradicionales y otras actividades estructuradas han demostrado ser altamente efectivos para mejorar la capacidad de concentración de los niños. Estos juegos requieren que los niños sigan reglas, presten atención a los detalles y piensen estratégicamente, todas habilidades que se trasladan a otras áreas del aprendizaje.

Ejemplos de juegos que fomentan la concentración:

1. **Memoria o "Memory"**: Este juego clásico, en el que los niños deben encontrar pares de cartas que coincidan, es excelente para mejorar la concentración y la memoria visual. Los niños deben recordar la ubicación de las cartas y concentrarse para encontrar las parejas correctas.

2. **Ajedrez o damas**: Estos juegos de estrategia requieren una concentración intensa y pensamiento a largo plazo. Los niños deben prever los movimientos de sus oponentes y planificar sus propias jugadas con cuidado. Esto mejora su capacidad de concentración sostenida y la planificación estratégica.

3. **Jenga**: Jenga es un juego físico que también fomenta la concentración. Los niños deben observar atentamente la estructura de bloques y pensar en qué pieza mover sin derrumbar la torre. Este juego mejora la concentración al involucrar tanto el aspecto físico como el mental del pensamiento estratégico.

4. **Rompecabezas**: Los rompecabezas son una excelente herramienta para mejorar la concentración visual y la atención al detalle. Los niños deben observar cuidadosamente las piezas y concentrarse en cómo encajan unas con otras. Además, fomenta la paciencia, ya que completar un rompecabezas puede llevar tiempo y esfuerzo.

Juegos activos para reforzar la atención

El movimiento físico también puede ser una herramienta valiosa para mejorar la concentración. Al incorporar juegos activos que involucren el cuerpo, los niños no solo canalizan su energía física, sino que también practican su capacidad de atención.

Juegos activos que promueven la concentración:

1. **Simón dice**: Este juego clásico requiere que los niños escuchen con atención y sigan instrucciones precisas. Al tener que concentrarse para no cometer errores, el niño mejora su capacidad de atención y control de impulsos.

2. **Carreras de relevos con obstáculos**: Este tipo de actividad combina el movimiento físico con la concentración. Los niños deben prestar atención a las reglas de la carrera y a los obstáculos que deben superar. Este juego mejora la capacidad de concentración bajo presión y fomenta la resolución de problemas.

3. **El juego de las estatuas o "1, 2, 3, stop"**: En este juego, los niños deben moverse cuando alguien está de espaldas y detenerse inmediatamente cuando se les observa. Esto requiere concentración y autocontrol, ya que el niño debe estar atento al momento exacto en el que debe detenerse.

4. **Twister**: Este juego físico, en el que los niños deben colocar manos y pies en diferentes colores de un tapete, requiere concentración para seguir las instrucciones y mantener el equilibrio. Es ideal para mejorar la coordinación entre el cuerpo y la mente.

Actividades creativas que promueven el enfoque

Las actividades creativas como el arte, la música y la escritura son excelentes para mejorar la concentración de los niños, ya que implican una inmersión profunda en el proceso de creación. Cuando los niños están involucrados en actividades creativas, suelen concentrarse durante largos períodos sin darse cuenta, ya que disfrutan el proceso.

Ejemplos de actividades creativas para fomentar la concentración:

1. **Dibujo y pintura**: El arte visual es una actividad que requiere que los niños se concentren en detalles como formas, colores y proporciones. Además, les permite expresar sus emociones de manera visual, lo que también mejora su enfoque interno y su capacidad de atención.

2. **Origami o manualidades**: Doblar papel o realizar trabajos manuales es una actividad que requiere precisión y concentración. Los niños deben seguir instrucciones paso a paso para completar una figura, lo que mejora su atención al detalle y su habilidad para trabajar de manera secuencial.

3. **Música**: Tocar un instrumento o participar en actividades musicales requiere concentración auditiva y coordinación física. Los niños que tocan música aprenden a escuchar y a sincronizarse con ritmos, lo que mejora su capacidad de atención. Aprender a tocar un instrumento también fomenta la disciplina y la perseverancia.

4. **Escritura creativa**: Escribir historias, poemas o incluso diarios es una excelente manera de mejorar la concentración. La escritura requiere que los niños estructuren sus pensamientos y presten atención a los detalles de la gramática y la narración. Además, escribir es una actividad que fomenta la imaginación, lo que mantiene el interés y el enfoque durante más tiempo.

Actividades tecnológicas para mejorar la concentración

La tecnología, cuando se usa de manera adecuada, también puede ser una herramienta útil para mejorar la concentración en los niños. Hay aplicaciones y juegos digitales que están diseñados específicamente para fomentar habilidades cognitivas como la memoria, la resolución de problemas y la atención.

Ejemplos de actividades tecnológicas útiles:

1. **Juegos de lógica y rompecabezas en línea**: Existen muchas aplicaciones y juegos en línea diseñados para mejorar las habilidades de concentración a través de la resolución de acertijos y problemas lógicos. Juegos como Sudoku, puzzles en línea o aplicaciones de matemáticas interactivas ayudan a los niños a enfocarse y resolver problemas de manera más eficiente.

2. **Aplicaciones de mindfulness para niños**: Algunas aplicaciones están diseñadas para enseñar técnicas de concentración y mindfulness a los niños. Estas aplicaciones guían a los niños a través de ejercicios de respiración, visualización y relajación, lo que les ayuda a mejorar su capacidad de concentración en otras áreas.

3. **Juegos de estrategia**: Los juegos de estrategia en línea, como los juegos de construcción de ciudades o defensa de torres, requieren planificación y concentración. Estos juegos enseñan a los niños a pensar en múltiples pasos a la vez, lo que mejora su capacidad para concentrarse en tareas complejas.

4. **Juegos de memoria en aplicaciones**: Aplicaciones que se centran en mejorar la memoria a corto plazo y la concentración son otra herramienta valiosa. Estas actividades tecnológicas refuerzan la habilidad de recordar y concentrarse en detalles, como las secuencias de colores, patrones o sonidos.

Ejercicios de atención plena (mindfulness) adaptados a niños

El mindfulness o atención plena es una técnica que enseña a los niños a concentrarse en el presente y a desarrollar una mayor conciencia de sus pensamientos y sensaciones. Practicar mindfulness ayuda a los niños a calmar su mente y a mejorar su capacidad para concentrarse en el aquí y ahora.

Ejemplos de ejercicios de mindfulness para niños:

1. **Meditación guiada para niños**: Puedes encontrar meditaciones guiadas diseñadas específicamente para niños, que los llevan a enfocarse en su respiración, en sus pensamientos o en imágenes mentales relajantes. Este tipo de actividad les enseña a controlar su atención y a redirigirla cuando se distraen.

2. **Juego de la respiración con globos**: Este ejercicio consiste en pedir al niño que imagine que está inflando un globo con su respiración. Le pides que inhale profundamente y luego exhale lentamente, como si estuviera llenando un globo. Este ejercicio es divertido y enseña a los niños a concentrarse en su respiración.

3. **Concentración en los sonidos**: Pide al niño que se siente en un lugar tranquilo y cierre los ojos. Luego, pídeles que escuchen atentamente todos los sonidos a su alrededor. Esto les ayuda a concentrarse en algo específico y a ser más conscientes de su entorno.

4. **Atención a los objetos**: Dale al niño un objeto pequeño, como una piedra o una hoja, y pídele que lo observe detenidamente durante unos minutos. Que se fije en su textura, forma, color y cualquier otra característica. Este ejercicio les enseña a concentrarse en los detalles y a mejorar su atención visual.

Capítulo 7: Estrategias Adaptadas a Diferentes Edades para los Niños con Distracción

La distracción y la falta de concentración pueden manifestarse de diferentes maneras según la edad del niño. A medida que crecen, sus capacidades cognitivas, emocionales y sociales cambian, lo que requiere adaptar las estrategias para ayudarlos a concentrarse. En este capítulo, exploraremos técnicas específicas para tres grupos de edad: niños en edad preescolar, niños en edad escolar y adolescentes. Cada etapa de desarrollo presenta desafíos únicos, por lo que es fundamental aplicar métodos adecuados para cada edad.

TÉCNICAS PARA NIÑOS EN EDAD PREESCOLAR (2 A 5 AÑOS)

Los niños en edad preescolar están en una fase de rápido desarrollo cognitivo y físico. Durante estos años, su capacidad para concentrarse es limitada, ya que son naturalmente curiosos y fácilmente distraídos por estímulos externos. En este sentido, es importante establecer un entorno que fomente la atención y utilizar técnicas sencillas y visuales que capten su interés.

ESTRATEGIAS CLAVE PARA ESTA ETAPA:

1. **Rutinas visuales y estructuradas**: Los niños pequeños responden bien a las rutinas visuales que les ayuden a anticipar lo que viene a continuación. Puedes utilizar gráficos o pictogramas para mostrar las actividades del día de manera simple y predecible. Esto les da una sensación de seguridad y estructura, lo que facilita que se concentren en una tarea a la vez.

2. **Tiempos de atención breves**: Es importante tener en cuenta que los niños en edad preescolar no pueden concentrarse durante largos periodos. Limita las actividades a 5-10 minutos al principio y aumenta gradualmente el tiempo a medida que crece su capacidad para mantenerse enfocados.

3. **Juegos interactivos**: Utiliza juegos que involucren tanto el movimiento físico como la concentración. Actividades como construir con bloques, apilar

objetos o clasificar formas y colores ayudan a mejorar su capacidad de enfoque mientras se divierten.

4. **Eliminación de distracciones visuales y auditivas**: Los niños pequeños se distraen fácilmente con los estímulos del entorno. Mantén el espacio de juego o aprendizaje lo más libre posible de distracciones, como juguetes no relacionados, ruidos fuertes o pantallas. Un entorno más limpio y ordenado mejora su capacidad de atención.

5. **Técnicas de autocontrol**: Puedes comenzar a introducir ejercicios de autocontrol simples, como pedirle al niño que escuche instrucciones y las siga (por ejemplo, "Simón dice" o "1, 2, 3, ¡parar!"). Estos juegos fomentan la capacidad de seguir reglas y controlarse en situaciones donde se requiere paciencia y concentración.

MÉTODOS PARA NIÑOS EN EDAD ESCOLAR (6 A 12 AÑOS)

A medida que los niños ingresan a la etapa escolar, se espera que desarrollen una mayor capacidad de concentración, especialmente en tareas que requieren un esfuerzo mental sostenido, como las tareas escolares o los proyectos a largo plazo. Sin embargo, muchos niños en esta etapa siguen enfrentando dificultades para concentrarse debido a la cantidad de estímulos que les rodean, tanto dentro como fuera del aula.

ESTRATEGIAS CLAVE
PARA ESTA ETAPA:

1. **Técnicas de segmentación del tiempo**: Una técnica efectiva para niños en edad escolar es dividir las tareas en partes más pequeñas, con descansos breves entre cada actividad. El uso del método Pomodoro, por ejemplo, les permite concentrarse durante 20-25 minutos, seguido de un descanso corto de 5 minutos. Este enfoque ayuda a evitar la sobrecarga mental y les permite mantenerse enfocados.

2. **Organización visual**: Proporciona a los niños herramientas visuales, como listas de tareas, horarios o calendarios, para que puedan ver claramente qué actividades deben completar. Enseñarles a organizar sus tareas y a priorizar responsabilidades fomenta la concentración y la gestión del tiempo.

3. **Refuerzos positivos**: Los niños en edad escolar responden bien a sistemas de recompensas por

su esfuerzo y concentración. Puedes implementar sistemas de puntos o recompensas por completar tareas sin distracción. Estas recompensas no necesariamente deben ser materiales; pueden incluir tiempo extra en actividades que disfruten o elegir una actividad familiar.

4. **Ambiente de estudio adecuado**: Asegúrate de que el niño tenga un espacio de estudio tranquilo y organizado, alejado de distracciones como pantallas, juguetes u otros niños. Establece una rutina diaria para realizar las tareas escolares en un entorno adecuado, donde el niño se sienta cómodo y preparado para concentrarse.

5. **Uso de herramientas tecnológicas**: En esta etapa, puedes aprovechar herramientas tecnológicas como aplicaciones de gestión de tiempo o aplicaciones educativas que fomenten el enfoque. Por ejemplo, hay aplicaciones que bloquean el acceso a redes sociales durante ciertos periodos para evitar distracciones.

6. **Enseñanza de técnicas de relajación**: Muchos niños en esta edad experimentan ansiedad o estrés, lo que puede afectar su capacidad para

concentrarse. Introducir técnicas de respiración o ejercicios de mindfulness les enseña a calmar su mente y mejorar su enfoque. Ejercicios de respiración profunda antes de iniciar una tarea pueden ayudar a relajar al niño y prepararlo para concentrarse.

AJUSTES PARA ADOLESCENTES (13 A 18 AÑOS)

Los adolescentes enfrentan una serie de distracciones nuevas a medida que entran en la etapa de la adolescencia, donde la tecnología, las interacciones sociales y la presión académica juegan un papel importante. Sin embargo, esta etapa también ofrece una mayor capacidad para aplicar técnicas más avanzadas de autocontrol y gestión del tiempo. Es crucial ayudar a los adolescentes a desarrollar estrategias para concentrarse en medio de un entorno con distracciones crecientes.

ESTRATEGIAS CLAVE PARA ESTA ETAPA:

1. **Enseñanza de la gestión del tiempo**: Los adolescentes deben aprender a gestionar su tiempo de manera eficaz. Puedes introducir técnicas como el uso de agendas, aplicaciones de planificación o listas de tareas diarias. Enseñarles a establecer metas claras y a dividir las tareas grandes en partes más manejables les ayuda a concentrarse en lo más importante.

2. **Fomento de la autorregulación**: En esta etapa, es fundamental que los adolescentes aprendan a autorregularse. Enseñarles a identificar sus propias distracciones y a tomar medidas para minimizarlas, como el uso de aplicaciones de bloqueo de distracciones o establecer tiempos de descanso específicos, les ayuda a mantenerse enfocados.

3. **Técnicas de estudio personalizadas**: No todos los adolescentes aprenden o se concentran de la

misma manera. Algunos pueden beneficiarse de técnicas visuales como mapas mentales, mientras que otros pueden preferir resúmenes escritos o la enseñanza en grupo. Ayuda al adolescente a encontrar la técnica de estudio que mejor se adapte a sus necesidades.

4. **Espacios de estudio designados**: Es vital que los adolescentes tengan un lugar adecuado para estudiar, libre de distracciones como teléfonos móviles o televisión. El espacio debe ser tranquilo y cómodo, pero también organizado para que no se desvíen de sus tareas.

5. **Mindfulness y relajación**: Al igual que en los niños más pequeños, el mindfulness es útil para los adolescentes. Las prácticas de meditación o yoga pueden ser herramientas eficaces para ayudar a los adolescentes a calmar su mente antes de estudiar o trabajar en una tarea. El estrés y la ansiedad en la adolescencia pueden ser factores importantes en la falta de concentración, por lo que estas técnicas pueden marcar una gran diferencia.

6. **Equilibrio entre trabajo y recreación**: Fomentar un equilibrio saludable entre el tiempo de estudio

y las actividades recreativas es crucial. Los adolescentes necesitan momentos para relajarse y desconectar, lo que a menudo les ayuda a concentrarse mejor cuando es hora de trabajar. Anima a tu hijo a practicar deporte, a participar en actividades extracurriculares o a tener tiempo para socializar de manera equilibrada.

7. **Motivación intrínseca y objetivos a largo plazo**: Ayuda al adolescente a conectar su trabajo actual con sus metas a largo plazo. A medida que los adolescentes comienzan a pensar en su futuro, es importante que entiendan cómo la concentración y el esfuerzo que ponen en el presente les ayudará a alcanzar sus objetivos personales y profesionales. Esto puede servir como una poderosa fuente de motivación intrínseca.

Este capítulo presenta una serie de estrategias adaptadas para cada etapa del desarrollo, ofreciendo un enfoque práctico y personalizado para ayudar a los niños a mejorar su capacidad de concentración según sus necesidades y nivel de madurez. Con estas herramientas, los padres, educadores y cuidadores pueden aplicar técnicas efectivas para fomentar la atención, la gestión del tiempo y el autocontrol en cada edad.

para fomentar la atención, la gestión del tiempo y el autocontrol en cada edad.

RECURSOS ADICIONALES PARA CORREGIR LA DISTRACCIÓN A TU NIÑO

Cuando se trata de mejorar la concentración en los niños, es útil contar con recursos adicionales que refuercen las estrategias aplicadas en casa o en el aula. En esta sección, ofrecemos recomendaciones de libros, aplicaciones útiles y referencias a estudios que te ayudarán a comprender mejor cómo fomentar la atención en los niños y cómo adaptar las técnicas a las necesidades particulares de cada etapa de desarrollo.

LIBROS RECOMENDADOS

1. **"El Cerebro del Niño" – Daniel J. Siegel y Tina Payne Bryson** Este libro ofrece una comprensión profunda del desarrollo del cerebro infantil y cómo los padres pueden utilizar ese conocimiento para mejorar la concentración y el autocontrol en sus hijos. Los autores proporcionan herramientas prácticas para abordar las emociones y fomentar un ambiente propicio para el aprendizaje y el desarrollo mental.

2. **"Cómo Hablar para que los Niños Escuchen y Cómo Escuchar para que los Niños Hablen" – Adele Faber y Elaine Mazlish** Un clásico de la comunicación efectiva entre padres e hijos, este libro enseña técnicas para fomentar una mejor atención en los niños, ayudando a que entiendan y cumplan instrucciones con mayor claridad y concentración. Es una excelente herramienta para mejorar la comunicación y reducir las distracciones.

3. **"Mindfulness para Niños: Un Plan de Ocho Semanas para Crear Niños Atentos y Felices" – Susan Kaiser Greenland** Este libro presenta un enfoque práctico para enseñar técnicas de mindfulness a niños y adolescentes, que les ayudan a calmar su mente, mejorar su atención y gestionar el estrés. Las estrategias presentadas están diseñadas para ser accesibles y divertidas, tanto para padres como para educadores.

4. **"Niños que Piensan Demasiado: El Poder de la Atención en Niños con Trastornos de Déficit de Atención y Distracción" – Tracy Lynne Long** Este libro ofrece un enfoque profundo sobre el trastorno por déficit de atención y las estrategias para ayudar a los niños que presentan altos niveles de distracción. Proporciona técnicas específicas para mejorar la concentración a través de juegos, actividades y cambios en el entorno.

5. **"Entrenando el Cerebro del Niño para Mejorar la Atención" – Lawrence Shapiro** Shapiro ofrece ejercicios y actividades prácticas diseñadas para niños que tienen dificultades para concentrarse. Los padres encontrarán estrategias efectivas para

fortalecer la capacidad de atención de sus hijos a través de juegos y actividades diarias.

APLICACIONES ÚTILES

1. **Forest: Stay Focused** Una aplicación de productividad popular tanto para niños como para adultos, **Forest** convierte la concentración en un juego. Los usuarios "plantan" un árbol que crecerá a medida que se mantengan concentrados, pero si se distraen, el árbol se marchitará. Esta aplicación es ideal para adolescentes y niños mayores que necesitan ayuda para gestionar el tiempo y mantenerse enfocados en las tareas.

2. **Focus To-Do: Pomodoro Timer & To Do List** Basada en la técnica Pomodoro, esta aplicación ayuda a los niños a gestionar su tiempo dividiendo las tareas en intervalos de concentración y descanso. Es especialmente útil para niños en edad escolar que tienen dificultades para mantenerse concentrados en largas sesiones de estudio.

3. **GoNoodle GoNoodle** ofrece vídeos de actividades físicas y mentales diseñados para ayudar a los niños a liberar energía y, posteriormente,

concentrarse mejor en sus tareas. Es una excelente opción para niños más pequeños que necesitan una pausa activa para mejorar su enfoque.

4. **Headspace for Kids Headspace** ofrece una serie de meditaciones guiadas específicamente diseñadas para niños. Las sesiones están adaptadas para diferentes edades y se centran en la atención plena, la concentración y la relajación. Es una excelente herramienta para introducir a los niños en la práctica del mindfulness y ayudarlos a desarrollar su capacidad de atención.

5. **Habitica** Esta aplicación convierte las tareas diarias en un juego de rol, lo que motiva a los niños a completar sus responsabilidades, como hacer la tarea o concentrarse en el estudio, a cambio de recompensas virtuales. Es una opción divertida para adolescentes que necesitan un impulso de motivación para mantenerse enfocados.

6. **Stop, Breathe & Think Kids** Diseñada para niños de 5 a 10 años, esta aplicación ofrece ejercicios cortos de meditación y atención plena para ayudar a los niños a calmarse, enfocarse y reducir el estrés. Los ejercicios son sencillos, lo que la hace

ideal para mejorar la concentración en niños más pequeños.

REFERENCIAS Y ESTUDIOS SOBRE LA CONCENTRACIÓN INFANTIL

1. **Estudios sobre la Práctica del Mindfulness y la Atención en Niños**

    - **Estudio: "Mindfulness Training for Children with ADHD and Mindful Parenting" (Van der Oord et al., 2012).** Este estudio demuestra que las técnicas de mindfulness no solo ayudan a reducir los síntomas de distracción en niños con TDAH, sino que también fomentan una mejor atención y autocontrol en niños sin el trastorno. Implementar estas técnicas desde temprana edad puede mejorar significativamente la capacidad de concentración.

2. **Investigación sobre la Relación entre la Actividad Física y la Concentración**

    - **Estudio: "Physical Activity and

Children's Attention Capacities: Implications for Education" (Davis et al., 2011)**. Este estudio resalta cómo la actividad física regular mejora la atención en niños. Los investigadores encontraron que el ejercicio no solo ayuda a reducir la distracción, sino que también mejora el rendimiento académico. Incorporar pausas activas y ejercicio en la rutina diaria puede tener un impacto positivo en la capacidad de concentración de los niños.

3. **Efectos del Entorno en la Atención Infantil**

   - **Estudio: "The Impact of Classroom Environment on Children's Attention" (Barrett et al., 2015).** Este estudio analiza cómo el entorno físico de un aula puede influir en la concentración de los niños. Los resultados muestran que un ambiente organizado, con colores suaves y menos distracciones visuales, mejora significativamente la capacidad de los niños para enfocarse en las tareas.

4. **La Técnica Pomodoro y la Gestión del Tiempo en Niños**

   - **Investigación sobre la Técnica Pomodoro aplicada a la Educación Infantil (Cirillo, 2006).** Aunque originalmente desarrollada para adultos, se ha demostrado que esta técnica también es efectiva en niños, ayudándoles a dividir su tiempo de estudio en segmentos manejables y mejorar su enfoque a lo largo del día.

5. **El Uso de la Tecnología y su Impacto en la Distracción Infantil**

   - **Estudio: "Digital Distractions and the Impact on Children's Learning" (Rideout et al., 2018).** Este estudio explora cómo el uso excesivo de dispositivos digitales puede afectar la capacidad de los niños para concentrarse, recomendando un uso limitado y estructurado de la tecnología, especialmente en edades tempranas.

Estos recursos te proporcionan herramientas adicionales para reforzar las estrategias que aplicas en casa o en el aula. Utilizando libros, aplicaciones y estudios respaldados por investigaciones, podrás abordar la distracción desde múltiples ángulos, ayudando a tu hijo a mejorar su capacidad de atención y a enfrentar las distracciones de manera más efectiva.

CONCLUSIÓN

Dedicatoria

Este libro está dedicado a todos aquellos que valoran su salud y bienestar, y reconocen la importancia de un buen descanso para alcanzar una vida plena. Que estas páginas te inspiren a entender y mejorar tu relación con el sueño, y que encuentres en ellas herramientas prácticas para transformar tu descanso y tu vida. Que cada noche sea un paso más hacia una mañana llena de energía y vitalidad.

AGRADECIMIENTO

Primero y sobre todas las cosas, deseo expresar mi más profundo agradecimiento a Dios, fuente de toda sabiduría y guía en cada paso de este viaje. Con humildad y gratitud, reconozco Su bondad y provisión, permitiéndome compartir este conocimiento sobre el sueño y el bienestar. Su amor incondicional ha sido mi fortaleza, inspiración y consuelo durante la creación de este libro.

A mis queridos lectores, les extiendo mi más sincero agradecimiento por su interés y dedicación. Este libro es un testimonio de nuestro compromiso compartido con la salud y el bienestar. Vuestra confianza y apoyo han sido el motor que me ha impulsado a explorar y presentar ideas sobre cómo mejorar nuestro descanso y, por ende, nuestras vidas.

Agradezco a cada uno de ustedes por acompañarme en este viaje de descubrimiento y aprendizaje. Vuestras preguntas, comentarios y reflexiones han enriquecido profundamente este trabajo. Cada interacción ha sido una oportunidad para crecer y mejorar, y estoy sinceramente agradecido por su contribución a este proceso.

Agradezco también a mi familia y amigos por su amor,

paciencia y aliento incondicional a lo largo de este viaje. Vuestra presencia constante y apoyo han sido un faro de luz en los momentos de desafío y celebración. Sin su apoyo, este libro no habría sido posible, y por eso les estoy eternamente agradecido.

Finalmente, quiero agradecer a todos los que han colaborado directa o indirectamente en la realización de este libro. A los expertos, editores, y equipos de producción que han aportado su experiencia y dedicación para llevar este proyecto a buen término. Su compromiso y profesionalismo han sido fundamentales para dar vida a estas páginas.

Con todo mi corazón, agradezco a Dios y a ustedes, mis queridos lectores, por hacer posible este libro. Que cada página sea una fuente de inspiración y conocimiento para mejorar nuestra salud y bienestar. Que podamos seguir creciendo juntos en nuestro viaje hacia una vida más plena y satisfactoria.

CONCLUSIÓN

Ayudar a un niño que se distrae con facilidad es un desafío que muchos padres, maestros y cuidadores enfrentan a diario. Sin embargo, con las herramientas y estrategias adecuadas, es posible transformar esa dificultad en una oportunidad de crecimiento y desarrollo para el niño. Este libro ha proporcionado un enfoque práctico y accesible para comprender las causas de la distracción, así como para aplicar soluciones concretas adaptadas a cada etapa de desarrollo infantil.

A lo largo de estas páginas, hemos explorado diversas técnicas, desde la organización del entorno hasta la implementación de estrategias como el mindfulness, la segmentación del tiempo y el uso de tecnologías de apoyo. Cada niño es único, por lo que es fundamental que apliques estas herramientas con flexibilidad, adaptándolas a las necesidades y características específicas de tu hijo. La paciencia, la consistencia y la comprensión son claves en este proceso.

Recuerda que el objetivo no es solo corregir la distracción, sino también ayudar al niño a desarrollar habilidades que le serán útiles en todos los aspectos de su vida: la capacidad de concentrarse, gestionar su tiempo y enfrentar las distracciones de manera consciente y efectiva. Al fomentar estos hábitos desde una edad temprana, estás preparando a tu hijo para que sea más resiliente y exitoso en un mundo lleno de estímulos y demandas.

Confía en el proceso y en tu capacidad para guiar a tu hijo hacia un futuro más enfocado, productivo y equilibrado. ¡Estás tomando el primer paso para marcar una diferencia significativa en su desarrollo!

EPÍLOGO

Al final de este recorrido, es importante recordar que cada niño tiene su propio ritmo de desarrollo y enfrenta desafíos únicos. La distracción puede ser un obstáculo hoy, pero con las estrategias adecuadas, puede transformarse en una oportunidad para fortalecer la capacidad de concentración y la autogestión a largo plazo. Este libro no solo ha sido una guía para corregir la distracción, sino una invitación a conocer mejor a tu hijo, a entender sus necesidades, y a acompañarlo en su crecimiento con paciencia y amor.

La educación y el acompañamiento no terminan con la infancia; las habilidades de concentración y enfoque que construyas ahora se convertirán en cimientos para su éxito futuro. Las herramientas, los métodos y las técnicas presentadas aquí te ayudarán a cultivar en tu hijo habilidades que van más allá de la simple atención: confianza, responsabilidad y la capacidad de gestionar sus propios desafíos.

Si bien el camino puede parecer largo y lleno de desafíos, cada pequeño avance es una victoria. El verdadero éxito radica en el proceso, en el esfuerzo diario por comprender y apoyar a tu hijo. Cada técnica que apliques, cada ajuste que realices, tendrá un impacto positivo en su vida.

A través de tu dedicación, estarás ayudando a tu hijo a enfrentar un mundo cada vez más complejo, y lo estarás preparando para superar distracciones, enfocarse en sus metas y disfrutar de un futuro lleno de posibilidades. ¡Gracias por ser parte de este viaje, y por tu compromiso con el bienestar y el desarrollo de tu hijo!

APÉNDICE

En esta sección final, se incluyen recursos adicionales, herramientas prácticas, y consejos útiles que complementan los temas abordados en este libro. Estos recursos pueden ser de gran ayuda para padres, maestros y cuidadores que buscan profundizar en las estrategias y técnicas para corregir la distracción en los niños.

1. RECURSOS DE LECTURA COMPLEMENTARIA

- **"El Cerebro y la Educación Emocional" – Paul Tough**
  Este libro profundiza en cómo el desarrollo emocional influye en la concentración y el rendimiento académico de los niños, proporcionando ideas clave sobre la importancia del autocontrol y la resiliencia.

- **"Niños Concentrados: Guía para Ayudar a tu Hijo a Mantenerse Enfocado" – Eileen Kennedy-Moore**
  Una guía práctica que ofrece consejos específicos sobre cómo desarrollar la atención plena en niños a través de actividades y hábitos diarios.

- **"El Poder de la Atención Plena en los Niños" – Jon Kabat-Zinn**
  Un enfoque centrado en el mindfulness, donde se enseña cómo la meditación y la consciencia plena pueden ayudar a los niños a reducir el estrés y mejorar su capacidad de atención.

2. APLICACIONES RECOMENDADAS

- **Calm Kids**

  Ofrece meditaciones guiadas y ejercicios de respiración para niños, ayudándolos a calmar su mente y a mejorar su enfoque en tareas específicas.

- **Todoist**

  Una aplicación de gestión de tareas que permite a los niños mayores y adolescentes organizar sus deberes y tareas diarias de manera sencilla y visual.

- **Smiling Mind**

  Aplicación gratuita con meditaciones y ejercicios adaptados para niños, diseñados para mejorar la concentración y reducir la ansiedad.

3. EJERCICIOS Y ACTIVIDADES PRÁCTICAS

EJERCICIO DE CONCENTRACIÓN CON CRONÓMETRO

- **Objetivo**: Aumentar la capacidad de los niños para mantenerse enfocados en una actividad específica.

  - **Instrucciones**: Establece un cronómetro y pide al niño que complete una tarea durante 5 minutos sin distracción (por ejemplo, colorear o armar un rompecabezas). Gradualmente, aumenta el tiempo a medida que mejora su capacidad de concentración.

TÉCNICA DE LA CAJA DE IDEAS

- **Objetivo**: Ayudar a los niños a liberar pensamientos distractores para que puedan concentrarse mejor.

  - **Instrucciones**: Si un niño se siente distraído por algo mientras trabaja, pídele que escriba la idea en una nota y la guarde en una "caja de ideas" para revisarla después de terminar la tarea.

4. GUÍA RÁPIDA DE ESTRATEGIAS PARA CORREGIR LA DISTRACCIÓN SEGÚN LA EDAD

NIÑOS PEQUEÑOS (3-6 AÑOS)

- Usa rutinas visuales con dibujos.
- Realiza actividades cortas con pausas.
- Fomenta juegos físicos que requieran atención (ej. "Simón dice").

NIÑOS EN EDAD ESCOLAR (7-12 AÑOS)

- Implementa el método Pomodoro para gestionar el tiempo de estudio.

- Utiliza listas de tareas o calendarios visuales.

- Refuerza la atención con recompensas positivas (ej. puntos por tareas completadas).

ADOLESCENTES (13-18 AÑOS)

- Fomenta el uso de agendas y aplicaciones para la gestión del tiempo.

- Enseña técnicas de autorregulación y mindfulness.

- Ayuda a establecer metas a largo plazo y vincularlas con el trabajo presente.

5. RECURSOS PARA MAESTROS Y EDUCADORES

- **"Classroom Strategies for Managing Attention Difficulties" – Collaborative for Academic, Social, and Emotional Learning (CASEL)**

  Una guía práctica para educadores que buscan aplicar estrategias en el aula para gestionar la distracción y mejorar la concentración de sus estudiantes.

- **"Tools for Teaching Attention Skills in Schools" – Russell Barkley**

  Ofrece un enfoque basado en investigaciones sobre cómo estructurar el entorno del aula para maximizar la concentración y el rendimiento académico.

6. ESTUDIOS CIENTÍFICOS DE REFERENCIA

- **"Mindfulness-Based Cognitive Therapy for Children" (Semple et al., 2010)**

  Un estudio que explora los beneficios del mindfulness en niños con problemas de concentración, demostrando mejoras en su capacidad de atención.

- **"The Role of Sleep in Child Development and Attention" (Blair et al., 2014)**

  Este estudio destaca la importancia de un sueño adecuado para mejorar la atención y el rendimiento cognitivo en los niños.

Este apéndice proporciona recursos prácticos para implementar en la vida diaria, complementando los capítulos del libro. Utiliza estas herramientas como apoyo adicional para continuar desarrollando la atención y concentración de tu hijo o estudiante.

RESEÑA DE AUTOR

Losvania Pereyra es una destacada especialista en salud y bienestar, con una pasión particular por el estudio y sus efectos en la calidad de vida. Con más de 15 años de experiencia en el campo de la medicina y la investigación, Pereyra ha dedicado su carrera a ayudar a individuos y comunidades a entender la importancia del descanso adecuado.

Graduada con honores de la Universidad Autónoma de Santo Domingo de Salud y Bienestar, Pereyra ha publicado numerosos artículos científicos en revistas especializadas y ha participado como conferencista en congresos internacionales sobre sueño y salud. Su enfoque integrador combina el rigor científico con un profundo compromiso hacia el bienestar holístico de sus pacientes y lectores.

Además de su labor clínica y académica, Pereyra es autora de varios libros aclamados sobre el sueño y la salud, incluyendo "El Punto 4: Sueño y Descanso", donde explora desde los fundamentos científicos del sueño hasta las prácticas cotidianas para mejorar la calidad del descanso. Su capacidad para comunicar conceptos complejos de manera accesible y motivadora la ha convertido en una voz respetada en su campo.

Como defensora apasionada de la salud preventiva, Pereyra continúa trabajando activamente en proyectos de investigación y educación comunitaria, con el objetivo de empoderar a las personas para que tomen control de su bienestar a través del sueño y hábitos de vida saludables. Su compromiso con la educación y la divulgación la ha llevado a ser reconocida como una líder de opinión en el ámbito de la salud y el bienestar.

www.ingramcontent.com/pod-product-compliance
Lightning Source LLC
Chambersburg PA
CBHW050817250726
48653CB00006B/2274